우주비행사가 되고 싶어

동아시아
SCIENCE

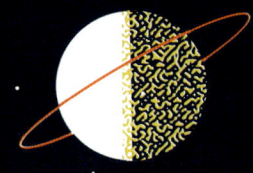

여러분들은 앞날에 무슨 일을 하고 싶나요?
오랫동안 인류는 잘 알지 못하는 곳을 탐험하여 왔습니다. 그 덕분에 이제 우리는 지구 어디에라도 갈 수 있습니다. 이제 마지막 하나 남아 있는 곳은 바로 하늘 너머의 우주뿐입니다.
어린이 여러분이 꿈꿀 수 있는 수많은 일들이 우주에 있습니다. 우주선을 만드는 우주 공학자, 행성 여행을 떠나는 우주비행사, 행성을 탐사하는 과학자, 우주선에서 요리를 만드는 요리사나 우주복을 만드는 우주복 디자이너를 꿈꿔 보는 건 어떨까요?
『우주비행사가 되고 싶어』는 재미있는 그림과 친절한 설명을 통해 여러분들을 우주와 우주 직업의 세계로 초대합니다. 우주 직업에 대해 이렇듯 상세하게 소개하는 책이 나왔다는 사실이 매우 기쁩니다.

우주로 향하는 여러분의 미래를 그려 보세요. 어린이 여러분에게 꿈과 희망을 심어 줄 수 있는 책이라 생각합니다.

— 한국항공우주연구원 원장 임철호

How to be an astronaut and other space jobs
Text © Dr Sheila Kanani 2019
Illustrations © Sol Linero 2019
The right of Dr Sheila Kanani to be identified as the author and Sol Linero
to be identified as the illustrator of this work has been asserted.
First published 2019 by Nosy Crow Ltd
All rights reserved
Korean Traslation Copyright © 2020 by East-Asia Publishing Co.
This Korean edition was published by arrangement with Nosy Crow Ltd, UK.

이 책의 한국어판 저작권은 Nosy Crow와 독점계약한 동아시아 출판사에 있습니다.
저작권법에 의해 한국 내에서 보호를 받는 저작물이므로 무단 전재와 무단 복제를 금합니다.

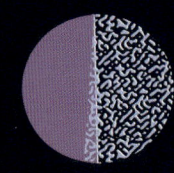

차례

우주는 어떤 곳일까요? — 4

왜 우주를 탐사할까요? — 6

우주 탐사의 역사 — 8

오늘날의 우주 탐사 — 10

어떻게 우주비행사가 될까요? — 12

어떤 훈련을 받나요? — 14

우주에 가는 건 어떤 느낌일까요? — 16

우주정거장에서는 뭘 할까요? — 18

달에 가 보면 어떨까요? — 20

어떻게 지구로 돌아오나요? — 22

우주와 관련된 직업들을 알아볼까요? — 24

문제 해결에 자신 있나요?
관제센터와 잘 맞을 거예요! — 26

실험을 좋아하나요?
우주 과학자가 되어 보세요! — 28

조금 특별한 직업은 어때요? — 30

우주는 어떤 곳일까요?

우주는 정말 커요. 여러분이 상상하는 것보다 훨씬 더 거대하답니다! 눈으로 보이는 것보다 더 멀리까지 있어요.

우주는 지구 위 **100킬로미터 높이**에서 시작돼요. 비행기가 나는 것보다 10배는 더 높은 높이예요. 우주는 매우 어둡고 조용하고, 공기가 없어서 숨도 쉴 수 없어요. 하지만 텅 빈 것은 아니에요. 우주에는 **행성, 별, 혜성, 소행성, 가스, 먼지** 등 멋진 것들이 많아요.

태양

수성   금성   지구   화성

별은 매우 뜨거운 가스로 된 거대한 구예요. **태양**도 별이죠. 태양은 매우 뜨거워서 에너지가 뿜어져 나와요. 그 에너지를 받아서 지구의 생명체들이 살아간답니다. 식물은 태양의 에너지로 자라고, 사람과 동물은 그 식물을 먹고요. 우리가 사는 데 필요한 따뜻함과 빛도 태양에서 얻지요.

별은 몇 개일까요?
지구의 모래 알갱이를 다 합친 개수보다도 많아요!

행성은 돌, 가스, 얼음으로 만들어졌거나 섞여 있는 거대하고 둥근 물체예요. 우리가 사는 지구도 태양의 둘레를 따라 도는 행성이지요. 무언가의 둘레를 따라 도는 것을 **'공전'**이라고 하는데, 태양을 중심으로 공전하는 것들은 모두 **'태양계'**에 포함돼요.

태양계에는 **수성, 금성, 화성, 목성, 토성, 천왕성, 해왕성**과 같은 다른 행성들이 있어요. 각각 서로 다른 모습과 특징이 있지요. 그중에서 생명체가 발견된 행성은 지구뿐이고요.

목성   토성   천왕성   해왕성

위성은 행성의 둘레를 따라 도는 조금 더 작은 물체예요. **달**은 지구의 하나뿐인 위성이지요. 화성에는 2개, 토성에는 50개 이상, 목성에는 60개 이상의 위성이 있어요!

왜 우주를 탐사할까요?

우주 탐험가들은 새로운 행성에서부터 외계 생명체까지, 우주에 관한 모든 것들을 찾고 있어요!

우주에는 행성들이 별 주변을 공전하는 **다른 태양계들**이 더 있어요. 다른 태양계에 있는 행성들을 **'외계행성'**이라고 해요. 지금까지 거의 **4,000개**의 외계행성이 발견되었고 아직 발견하지 못한 것도 많답니다. 언젠가는 우리가 살 수 있을 만큼 지구와 비슷한 행성을 발견할지도 몰라요.

어떤 우주 과학자들은 우주에서 **생명체**를 찾고 있어요. 아직은 발견하지 못했지만, 그렇다고 해서 외계 생명체가 없다는 뜻은 아니지요. 우주가 너무 넓어서 찾지 못한 걸지도 몰라요. 어쩌면 외계인들이 잘 숨어 있는 걸 수도 있고, 우리와 다른 방식으로 말을 해서 우리가 듣지 못하는 걸 수도 있어요.

싸우려는 게 아니에요!

사람이 발견한 많은 행성들 중에 지구에만 생명체가 살고 있어요. 그래서 우주를 탐험할수록 우리의 행성이 **얼마나 특별한지** 알 수 있고, 어떻게 이곳을 가꿔 나갈지 생각해 보게 되지요.

우주를 탐험하는 **가장 중요한 이유**는 우리 지구에 있는 생명들에 대해 고민해 보고, 지구가 미래에 어떤 모습일지 상상해 보기 위해서예요.

우주를 탐사하기 위해서는 '**우주 산업**'에서 일하는 사람들이 있어야 해요.

엔지니어

과학자

의사

요리사

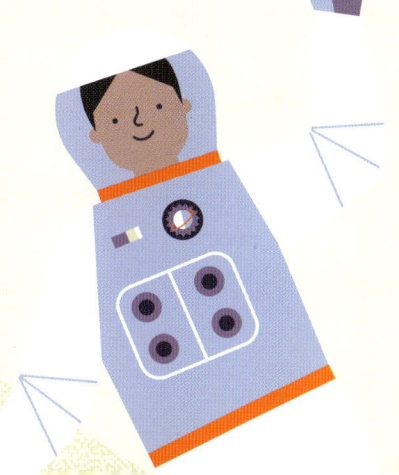
우주비행사

우주 탐사의 역사

사람들은 수천 년 전부터 '저 위에' 무엇이 있을지 너무너무 궁금해했어요. 어디에 있든지 하늘을 보면 태양, 달, 행성들, 그리고 별들을 볼 수 있었으니까요.

고대 그리스의 아글라오니케는 **최초의 여성 천문학자**로 알려져 있어요. 아글라오니케는 월식을 예측할 수 있었고, 마녀라고 불리기도 했대요.

최초의 망원경은 독일에서 태어난 네덜란드 사람 한스 리퍼세이가 만들었어요.

| 기원전200 -
기원전100 | 기원전753 -
기원후476 | 499 | 1608 | 1609-
1630 |

고대 로마 사람들은 하늘에서 빛나는 7개의 물체를 각각 머큐리(수성), 비너스(금성), 마스(화성), 주피터(목성), 새턴(토성), 아폴로(태양), 다이아나(달)라고 이름 지었어요.

인도의 수학자이자 천문학자인 아리아바타는 **왜 물체들이 지구에 붙어 있는지** 설명하기 위해 중력의 개념을 생각해 냈어요.

갈릴레오 같은 천문학자들이 행성, 위성, 별들을 관찰하기 위해 점점 더 성능이 좋은 망원경을 사용했어요.

우주비행사는 영어로 astronaut이에요.
러시아의 우주비행사들은 특별히
cosmonaut이라고 부르기도 해요.

러시아의 우주비행사 **유리 가가린**이 우주선을 타고 지구를 한 바퀴 돌았어요. 땅으로 착륙할 때에는 낙하산을 이용해야 했지요. 몇 주 후에 미국인들도 우주비행사 앨런 셰퍼드를 우주로 보냈어요.

러시아의 인공위성 **스푸트니크 1호**가 사람이 만든 물체 중 최초로 지구를 공전하게 되었어요. 이때부터 러시아와 미국은 서로 먼저 달에 착륙하기 위해 **우주 개발 전쟁**을 시작했지요.

러시아 사람들이 **라이카**라는 이름의 개를 인공위성 스푸트니크 2호에 실어서 우주로 보냈어요.

러시아 우주비행사 발렌티나 테레시코바가 **우주에 간 최초의 여성**이 되었어요.

| 1940-1949 | 1957 | 1959 | 1961 | 1963 | 1969 |

1940년대부터는 로켓을 쏘기 시작했고, 이때부터 점점 더 먼 우주로 로켓을 보냈어요.

러시아 사람들이 우주 탐사선 **루나 2호**를 달에 착륙시켰어요.

닐 암스트롱, 버즈 올드린, 마이클 콜린스를 태운 우주선 **아폴로 11호**가 달에 가면서, 미국이 우주 개발 전쟁에서 승리했어요.

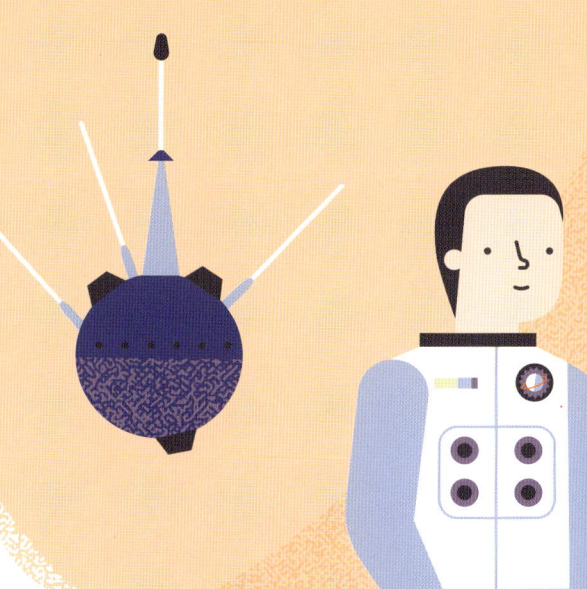

오늘날의 우주 탐사

오늘날 우주 탐사에 쓰이는 과학 기술은 50년 전만 해도 상상할 수 없는 수준이에요.

앞으로 우주에는 여러분 세대의 **과학자와 엔지니어**를 위한 기회가 많을 거예요. 토성과 목성의 위성에 가거나, 천왕성에 가거나, 우주를 샅샅이 뒤질 망원경을 설치하거나, 소행성을 연구하고 지금까지보다 태양에 가까이 가 보려는 계획들이 있거든요. 지구의 우주 기관들은 다시 사람을 달에 보내고 싶어 하고, 또 **화성**을 밟아 보고 싶어 하지요.

인공위성은 다양한 일들을 해요. 지구를 살펴보면서 날씨와 기후의 변화를 측정하고, 어떤 장소에 얼마나 많은 사람이 있는지를 관찰하지요. 명왕성이나 세레스와 같이 멀리 있는 천체들을 관찰하기 위해 태양계 끝을 향해 떠나는 **탐사선**들도 있어요.

시간이 좀 더 흐르면 평범한 사람들도 우주로 휴가를 떠날 수 있을 거예요!

국제우주정거장은 만들어지는 데 **20년**이 넘게 걸렸어요. 크기는 축구경기장보다 크고, 과학 연구소이면서 동시에 우주비행사들의 집이에요.

국제우주정거장의 우주비행사들은 과학 실험을 하거나, 체육관에서 운동을 하거나, 지구를 관찰하거나, 먹고 마시고 자고 화장실에 가면서 시간을 보내요.

1960년대와 1970년대에 달에 다녀온 **12명을 포함해서 500명이 넘는 사람들**이 지금까지 우주에 다녀왔어요. 전 세계의 항공우주국, 연구 단체들, 기업들은 수천 개의 인공위성을 만들어 냈어요.

어떻게 우주비행사가 될까요?

우선, 최소한 3년 동안 **과학, 기술 혹은 군사 분야**에서 일을 해야 해요. 비행 조종사가 된다면 더 유리할 수도 있지만, 꼭 비행 조종사가 되어야 하는 건 아니에요. 우주비행사들은 우주선에서 각각 다양한 역할을 맡으니까요. **조종사**뿐만 아니라, **과학자**도 있어야 하고 **의사**도 필요하거든요.

외국어 실력은 매우 중요하답니다. 대부분의 우주비행사들은 다른 우주비행사들과 소통할 때 **영어나 러시아어**를 사용해요.

어떤 항공우주국에서는 **우주비행사의 키**를 정해 두기도 해요. 보통은 157cm에서 190.5cm 사이여야 하지요. 이보다 크면 우주선에 들어가기에 불편하거든요!

157cm

190.5cm

우주선의 과학자가 되고 싶다면 **대학교 학사 학위**가 있어야 해요. 물리학에서부터 약학까지, 수백 개의 과학 학문 분야 중에서 고를 수 있어요.

다른 취미를 갖는 것도 중요해요. 우주비행사들은 다양한 활동을 많이 하거든요. 책을 읽거나 기타를 치고요.

등산도 하고, 장거리 달리기도 하지요.

과학에 관심이 있고, 운동이나 다른 취미가 있고, **여러 명이 함께 팀으로 일하는 것**에 자신 있다면, 여러분도 우주비행사가 될 수 있어요! 물론 그 전에 많은 훈련이 필요하지만요.

어떤 훈련을 받나요?

기본 훈련은 학교에 다니는 것과 비슷해요. 우주 탐사의 역사와 전기공학에서부터 러시아어와 응급 처치까지, 모든 것들을 익혀요.

국제우주정거장에 관한 것도 전부 배운답니다. 조종과 관리, 생명 유지 장치들과 로봇 기술에 관한 것들이지요.

$$\frac{x-ab}{\sqrt{a+b}}$$

정신적인 부분도 훈련해야 해요. 우주비행사들은 **기억력, 집중력, 문제 해결 능력**이 좋아야 하거든요. 다른 사람의 마음도 잘 이해해야 하고, 화를 잘 내지 않아야 하고 집을 너무 그리워해서도 안 돼요.

우주비행사는 **몸이 좋고 건강**해야 돼요. 그래서 특별한 훈련도 하는데, 그중에는 **원심분리기**에 들어가 앉는 훈련도 있어요. 작은 공간 안에 들어가서 앉으면 금속 팔이 사람을 빙빙 돌려요. 그럼 멀미가 나면서, 로켓이 이륙하거나 착륙할 때 어떤 느낌인지 겪어 볼 수 있어요.

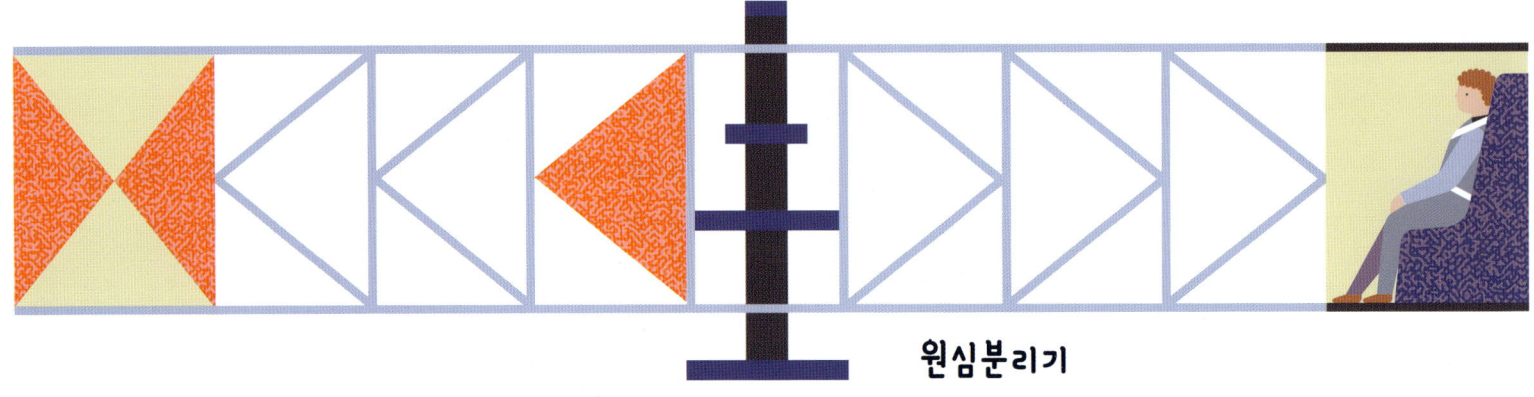

원심분리기

우주비행사들은 **'무중력'**에 익숙해져야 해요. 중력은 우리를 지구로 끌어당기고, 공중에 둥둥 뜨지 않도록 하는 힘이에요. 우주에는 지구와 다르게 중력이 거의 없어요.

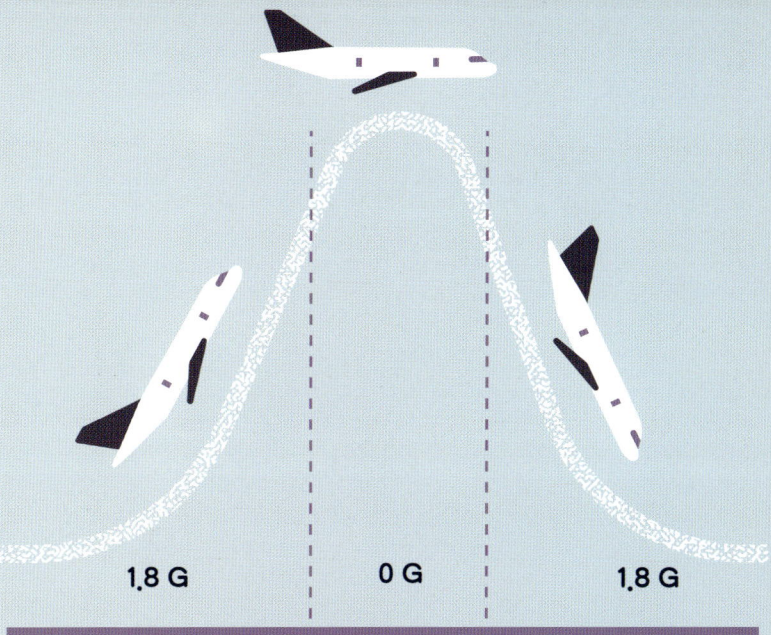

'구토 혜성'이라고 알려진 특별한 비행기가 훈련을 도와줘요. 롤러코스터처럼 오르락내리락해서 마치 공중에 떠 있는 것처럼 느껴지게 하지요.

* 1G보다 크면 지구 표면에서보다 중력이 강한 것이고 1G보다 작으면 약한 것이에요. 0G는 무중력을 의미해요.

마지막으로, 대비 훈련이 있어요. 우주에서 하게 될 과학 실험들을 미리 해 보고, 같은 팀으로 일할 다른 2명의 우주비행사들과 사귀어요. **비상사태에 해야 할 일**도 배우고요. 우주 화장실을 고치는 일도 배운답니다!

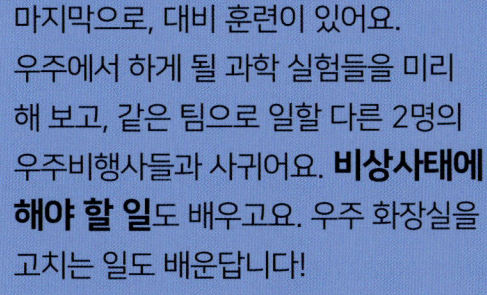

깊은 물에서 수영할 때 우주에서와 느낌이 비슷하대요. 그래서 우주비행사들은 국제우주정거장의 부품을 가지고 커다란 수영장에서 스쿠버다이빙 연습을 해요.

몇 년 동안 훈련을 받고 나면, 이제 드디어 우주로 갈 수 있어요!

우주에 가는 건 어떤 느낌일까요?

우주비행사들은 '**소유즈 캡슐**'을 통해서 우주로 가거나 우주에서 돌아와요. 소유즈 캡슐은 **작은 트럭**만 한 크기이고, 커다란 로켓 위에 얹어져 있어요. 우주비행사들은 작은 입구를 지나 캡슐로 기어서 들어간 다음, 특별히 제작된 의자에 앉아요.

발사 중에는 로켓이 매우 빠르기 때문에 중력이 점점 커지는 것처럼 느껴져요. 이걸 '**중력가속도**'라고 불러요. 롤러코스터를 타거나 커다란 파도에서 서핑을 하는 것 같은 느낌이라고 해요. 캐나다의 우주비행사 크리스 해드필드는 "**고릴라가 나를 으깨서 절벽에 내던지는 것 같았다!**"라고 했어요.

발사하고 **5분**이 지나면 캡슐이 로켓에서 분리돼요. 그리고 **4분**이 더 지나면 소유즈 캡슐 안의 우주비행사들은 무중력 상태를 느끼기 시작해요.

소유즈 캡슐이 국제우주정거장에 가까이 가면 '**도킹**'을 해야 해요. 우주정거장에 '주차'를 하는 셈이에요. 그러고 나서, 우주비행사들은 국제우주정거장에 들어가 이미 그곳에 있던 다른 3명의 우주비행사들을 만나요.

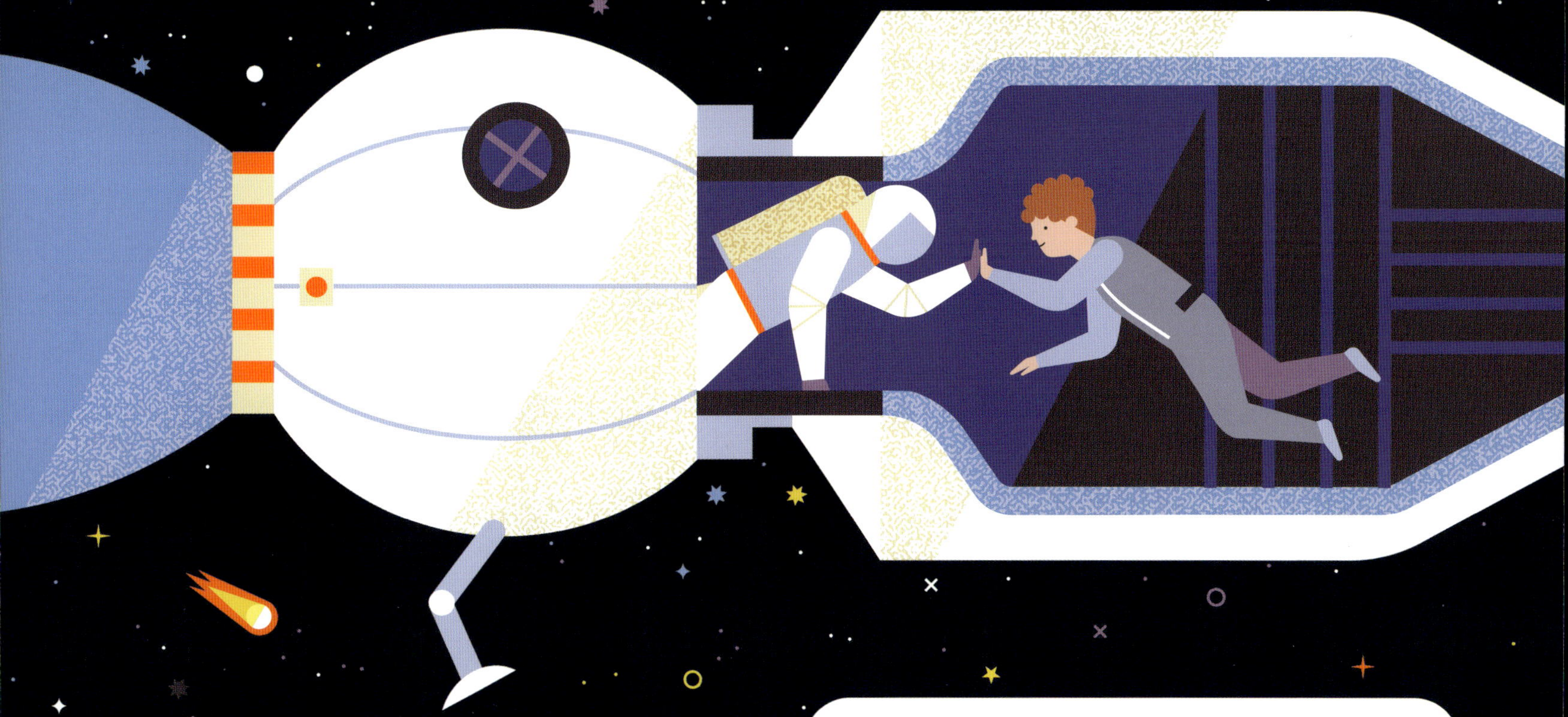

국제우주정거장이 지구 둘레를 도는 속도는 소리의 속도인 '음속'보다 빨라요. 하지만 우주정거장에 있는 우주비행사들은 그런 움직임을 느끼지 못해요. 대신 무중력 상태로 슈퍼히어로들처럼 떠다니게 되지요.

가끔은 국제우주정거장 밖으로 나와야 할 때가 있어요. 이걸 '**우주 산책**'이라고 불러요. 우주정거장 바깥에서 과학 실험을 해야 할 때도 있고, 무언가를 고쳐야 할 때도 있어요.

우주비행사들은 우주복을 입고 '**에어로크**'라는 특별한 문을 통해 바깥으로 나와요. 그리고 자기 자신과 물건들이 둥둥 떠서 떠밀려 가지 않도록, '테더'라고 불리는 줄로 우주선에 묶어 두지요.

우주복 헬멧 안에는 **특별하게 만들어진 찍찍이 조각**이 들어 있어서, 그걸로 코를 긁을 수 있대요.

찍찍이

우주정거장에서는 뭘 할까요?

우주비행사들은 우주에서 **실험**들을 해요. 식물을 기르고, 우주에서 동물들이 어떤지 지켜보고, 자신의 몸 상태를 관찰해요.

우주에서는 **말린 음식이나 포장된 음식**을 먹고, 빵 대신 부스러기가 없는 토르티야를 먹어요. 부스러기는 공중에 떠다니다가 시설을 망가트릴 수 있거든요.

우주정거장 커피머신

케첩 같은 소스는 먹을 수 있지만 소금이나 후추, 곡식들은 둥둥 떠다닐 수 있기 때문에 먹을 수 없어요.

냉장고는 없지만 음식을 데우는 **오븐**은 있답니다.

작은 물방울들이 떠다닐 수 있기 때문에 **샤워는 할 수 없어요**. 젖은 천으로 몸을 닦고, 드라이샴푸로 머리를 감아요.

이를 닦을 때에는 주머니에서 물을 빨아 마신 후 치약을 삼켜요.

우주 화장실은 진공청소기와 같아요. 구멍에 맞춰 볼일을 보고 배설물은 튜브로 빠져나가지요. 소변은 마실 물로 재활용하고, **대변은 얼려서 버려요!** 버려진 것들은 지구의 대기 중에서 타 버리기 때문에, 이걸 별똥별로 착각하는 사람들도 있어요.

무중력 상태에 있으면 몸이 약해진답니다. 그래서 우주비행사들은 **매일 2시간씩 운동**을 해야 해요.

잠은 **침낭**에서 자요. 자는 도중에 떠다니지 않도록 침낭은 벽에 붙어 있어요. 안대를 껴서 빛을 가리고요.

달에 가 보면 어떨까요?

달에 가 본 우주비행사는 12명뿐이고 전부 남자예요. 앞으로 더 많은 사람이 우주에 갈 기회가 생겨서 이런 기록이 바뀌었으면 좋겠군요!

달 표면을 걷기 전에 **기저귀가 붙은 우주복**을 입어야 해요. 몇 시간 동안 밖에 있게 될 테니까요.

우주복은 덩치가 커서 **무릎을 굽히거나 발을 내려다보기가 힘들어요**. 지구보다 중력이 작기 때문에 걸어 다니기도 어렵지요. 그래서 토끼처럼 통통 뛰어다니게 돼요. 중력이 작다는 건 지구에서보다 더 높이 뛰고 더 멀리 공을 차 버릴 수 있다는 뜻이에요!

1969년에 버즈 올드린과 닐 암스트롱이 두고 온 미국 국기가 여전히 달에 있어요. 시간이 지나면서 카메라에서부터 골프공까지, 다른 많은 물건들이 달 위에 남겨지고 있고요.

달에는 공기가 없기 때문에 **바람도 불지 않아요**. 그래서 1970년대 우주비행사들이 남긴 발자국들이 지워지지 않고 아직도 남아 있지요.

달에는 공기층도 없고 날씨도 없어요. 또, 강도 바다도 없어요. 그렇지만 하루가 지나는 동안 기온은 크게 변화한답니다. **영상 120도에서 영하 233도**까지 바뀌어요. 지구의 어떤 곳보다도 훨씬 덥고 추운 거지요. 보통의 옷을 입는다면 10분 안에 죽게 될 거예요. 다행히 우주복은 이런 엄청난 온도 속에서도 안전하게 우주비행사들의 몸을 지켜 줘요.

바람이 없어서, 깃발이 제대로 보이려면 안에 철사를 넣어 고정해야 해요!

어떻게 지구로 돌아오나요?

임무를 마친 우주비행사들은 우주복을 입고, 다시 소유즈 캡슐에 들어가서 지구로 돌아와요.

소유즈 캡슐에는 날개나 바퀴가 없기 때문에, 비행기처럼 땅으로 내려올 수가 없어요. 대신 땅에 가까워지면 **낙하산**이 나오고 속도를 줄이기 위해서 작은 로켓엔진이 켜져요. 착륙은 어려운 일이에요. 땅으로 내려올 수도 있고 바다로 내려올 수도 있어요. 떨어지는 소유즈 캡슐에 타고 있으면 세탁기 안에 들어와 있는 느낌이라고 해요.

궤도

대기

진입

통신 두절

카자흐스탄   착륙 지점

6개월 동안 우주에서 무중력 상태로 지내다가 지구에 오면, 갑자기 몸이 너무 무겁게 느껴져요. 한동안은 걷거나 일어설 수도 없지요. 그래서 의료진이 우주비행사들을 잡아서 의자에 앉혀 줘요. 몸이 정상으로 돌아오는 데에는 여러 달이 걸리기도 해요.

우주비행사들은 **우주에 있지 않을 때**에도 일을 한답니다! 인터뷰도 하고 사람들도 만나고 학교에서 학생들도 만나요.

국제우주정거장까지 가는 데에는 6시간이 걸리지만 지구로 돌아오는 데에는 3시간 30분 밖에 걸리지 않아요!

나중의 임무를 위해 훈련하기도 하고, 현재 진행 중인 임무를 돕기도 해요. 우주에 있는 우주비행사들과 **통신**도 하고요. 수영장에서 다른 우주비행사들에게 우주에서 걷는 방법을 가르치기도 하지요.

우주에서 모은 정보로 연구도 하고, 실험도 해요. 다시 임무를 받아 우주에 가기 위해서 건강도 유지해야 한답니다!

우주와 관련된 직업들을 알아볼까요?

우주비행사 1명을 우주정거장에 보내려면 수백 명의 도움이 필요해요. 그 사람들은 무슨 일을 할까요?

우주 산책은 몇 시간씩이나 하는 일이기 때문에, 우주복은 엄청난 양의 땀을 흡수해야 해요!

우주복 디자이너들은 각각의 우주비행사와 임무를 모두 살펴보고, 딱 맞는 우주복을 디자인해요. 우주복은 우주비행사들에게 편해야 하고, 온도가 유지되어야 하고, 숨 쉴 공기를 지켜 줘야 하지요.

행성을 돌아다니면서 바닥에 구멍을 뚫고, 사진을 찍고, 정보를 분석하는 일은 로봇들이 맡아서 해요. **컴퓨터 엔지니어**는 이런 로봇을 만드는 직업이에요.

또, 로봇이 작동되도록 프로그램도 짜야 하지요.

인공위성 디자이너와 엔지니어들이 만든 인공위성으로 다른 행성들을 관찰할 수 있어요. 휴대폰으로 인터넷을 하거나 지도를 보는 등 우리의 일상생활에도 도움을 주지요.

우주선 디자이너와 엔지니어들은 우주선을 계획하고 만들어요. 우주 왕복선도 만들고 우주정거장도 만들지요. 우주라는 극한 환경에서 모든 것이 잘 작동되도록, 이륙과 착륙 도중에 망가지지 않도록 주의를 기울여야 해요.

기술자들은 디자이너들, 엔지니어들과 함께 일해요. 완벽한 상태로 우주로 갈 수 있게 만들어진 우주선과 기술을 확인하고 시험해 봐요.

문제 해결에 자신 있나요?
관제센터와
잘 맞을 거예요!

커뮤니케이터부터 **수학자**까지, 많은 전문가들이 관제센터에서 일해요. 우주비행사들이 안전하고 건강한지, 우주선이 어디로 가고 있는지, 로켓이 성공적으로 발사되는지를 살피는 곳이에요.

플라이트 디렉터는 팀 전체를 책임지고 있어요. 우주비행사들의 안전을 위해 중요한 결정을 빠르게 내려야 할 때도 있어요.

플라이트 디렉터

비행 활동

지상 통제

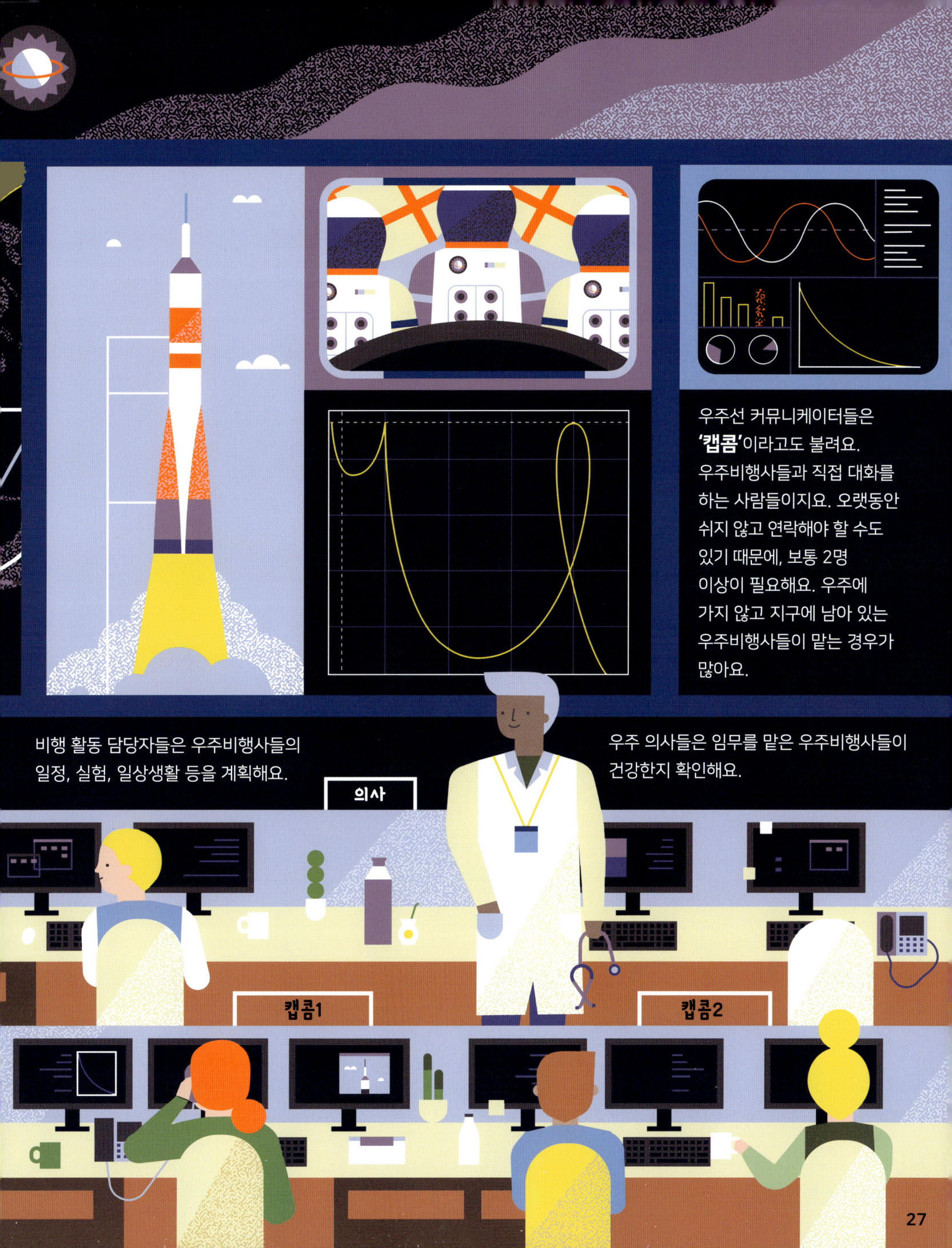

우주선 커뮤니케이터들은 **'캡콤'**이라고도 불려요. 우주비행사들과 직접 대화를 하는 사람들이지요. 오랫동안 쉬지 않고 연락해야 할 수도 있기 때문에, 보통 2명 이상이 필요해요. 우주에 가지 않고 지구에 남아 있는 우주비행사들이 맡는 경우가 많아요.

비행 활동 담당자들은 우주비행사들의 일정, 실험, 일상생활 등을 계획해요.

우주 의사들은 임무를 맡은 우주비행사들이 건강한지 확인해요.

의사

캡콤1

캡콤2

실험을 좋아하나요? 우주 과학자가 되어 보세요!

우주 산업에는 과학과 관련된 일이 매우 다양하게 있어요. 우주에서 광물을 키워 내는 화학자들도 있고, 사람의 뇌로 생각과 감정을 연구하는 뇌 과학자도 있지요.

행성학자들은 태양계의 행성과 물체들을 살펴요.

카시니호와 같은 우주탐사선을 이용하기도 해요. 카시니호는 약 14년 동안 토성 주위를 돌며 사진을 찍고, 조사한 자료를 지구로 보내 주었어요.

외계행성 사냥꾼들은 태양계 밖의 행성들을 찾고 있어요. 태양에서 멀리 떨어진 별들 주위를 도는 행성들이요. 이런 행성들은 지금까지 4,000개 가까이 발견되었어요. 언젠가는 사람이나 로봇이 직접 갈 수 있을지도 모르지요.

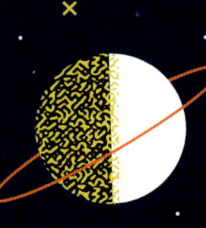

우주 기상 위험관리사는 우주의 날씨를 살펴보면서, 지구에 있는 인간과 기술에 어떤 일이 생길 수 있는지 예측하는 일을 해요.

자기장

지구

태양풍

우주의 날씨는 태양과 태양이 내뿜는 에너지 때문에 발생해요. 태양의 에너지는 모든 나라에 정전을 일으키고, 통신 시스템을 무너트리고, 인공위성들에 영향을 줄 수 있을 정도예요.

우주 생물학자들은 다른 행성의 외계생명체들이 어떻게 생겼을지 알아내고 싶어 해요. 아이슬란드나 아마존 열대우림 같이 지구의 험한 곳들을 찾아가서, 극심한 환경에서 자라는 식물과 동물들을 조사하지요.

조금 특별한 직업은 어때요?

어떤 전문가들은 우주에 관한 지식을 더 널리 알리기 위한 활동을 해요. 어른과 어린이들에게 우주를 가르쳐 주기 위해 수업을 하고, 특별한 행사를 만들지요.

우주 변호사는 법과 관련된 부분을 맡아요. 우주 기관들끼리 계약서를 쓸 때 돕기도 하고, '달에서 나온 광물은 누구의 것일까?' 또는 '인공위성끼리 충돌하면 누구의 잘못일까?'와 같은 문제의 해결책을 찾아요.

물건을 파는 데 자신 있다면, 우주선을 파는 직업도 있답니다! 우주 기관에 우주선을 보여 주고 파는 일을 하지요. 가장 비싼 가격에 팔기 위해서 굉장히 설득을 잘해야 해요.
우주 보험사에서 일할 수도 있어요. 인공위성을 위한 보험을 만들지요. 인공위성이 발사되고 수명이 다할 때까지 멀쩡할 것을 보장해 주는 일이에요.

우주를 배경으로 영화를 만드는 영화감독에게 조언해 주는 우주 과학자들도 있어요. 이런 전문가들이 없다면 영화 내용이 틀리거나 앞뒤가 맞지 않을 거예요.

언론과 의사소통을 담당하는 사람들도 있어요. 우주비행사들이 인터뷰를 잘할 수 있게 가르치고, 우주비행사들의 SNS도 관리해 줘요.

음식에 관심이 있다면, 우주 요리사는 어때요? 우주 요리사들은 맛있으면서도 무중력에서 안전한 음식을 만들어야 해요. (앞에서 말했듯이, 부스러기는 안 돼요!) 그리고 음식을 오래 보관할 수도 있어야 하지요.

스크램블에그나 스프, 찜과 같은 음식들은 안에 들어 있는 모든 물기를 없애야 해요. 그래야 로켓의 무게를 줄일 수 있으니까요. 그리고 국제우주정거장에 도착한 후에 우주비행사들이 끓는 물을 넣어서 음식에 다시 수분을 더하지요.

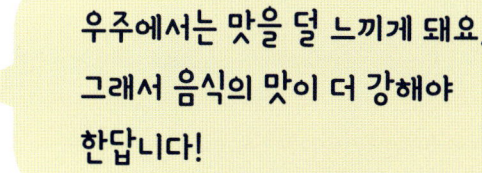

우주에서는 맛을 덜 느끼게 돼요. 그래서 음식의 맛이 더 강해야 한답니다!

우주비행사가 되고 싶어

초판 1쇄 펴낸날 2020년 9월 23일
초판 2쇄 펴낸날 2022년 7월 15일

지은이 실라 카나니
그린이 솔 리네로
옮긴이 도윤

펴낸이 한성봉
편집 박연준 | **크로스교열** 안상준 | **디자인** 최세정 | **마케팅** 박신용 오주형 강은혜 박민지
펴낸곳 동아시아사이언스 | **등록** 2020년 2월 7일 제2020-000028호
주소 서울시 중구 퇴계로30길 15-8 [필동1가 26] | **전자우편** easkids@daum.net
전화 02) 757-9724,5 | **팩스** 02) 757-9726
ISBN 979-11-970475-8-9 73400

이 도서의 국립중앙도서관 출판예정도서목록(CIP)은
서지정보유통지원시스템 홈페이지(http://seoji.nl.go.kr)와
국가자료종합목록 구축시스템(http://kolis-net.nl.go.kr)에서
이용하실 수 있습니다. (CIP제어번호 : CIP2020036791)

※ 동아시아사이언스는 동아시아 출판사의 어린이·청소년 브랜드입니다.
※ 잘못된 책은 구입하신 서점에서 바꿔드립니다.

※ 주의사항 종이에 베이거나 긁히지 않도록 조심하세요. 책 모서리가 날카로우니 던지거나 떨어뜨리지 마세요.